GUÍAS COMPAC

PASTAS

GUÍAS COMPACTAS PLANETA

PASTAS

🜨 Planeta

Copyright © 2000 Weldon Owen Pty Ltd.

Dirección Ejecutiva: John Owen
Presidencia: Terry Newell
Edición: Sheena Coupe
Editora Asociada: Lynn Humphries
Dirección de Arte: Sue Burk
Asistencia Editorial: Sarah Anderson, Tracey Jackson
Gerencia de Producción: Caroline Webber
Asistencia de Producción: Kylie Lawson
Gerencia Comercial: Emily Jahn
Vicepresidencia de Ventas Internacionales: Stuart Laurence

Edición del Proyecto: Susan Tonnay
Diseño: Jacqueline Richards
Traducción al español: Liliana Valiante
Edición en español: Alejandra Procupet

Derechos exclusivos de edición en castellano reservados
para Latinoamérica.
© 2000, Editorial Planeta Argentina S. A. I. C.
Independencia 1668, 1100 Buenos Aires, Argentina. Grupo Planeta.

ISBN 950-49-0444-0. Hecho el depósito que prevé la ley 11.723

Reproducción color por Colourscan Co. Pte. Ltd.
Impreso por LeeFung Asco.
Impreso en China

Una producción de Weldon Owen.

CONTENIDOS

SEGUNDA PARTE
TIPOS DE PASTAS

Introducción

Pastas: una simple palabra en italiano para una comida sencilla que forma parte de la tradición culinaria del Mediterráneo y de Asia desde hace siglos. Sin embargo, las pastas han ganado tanta popularidad entre los cocineros de todo el mundo en estos últimos años que han llegado a ser sinónimo del buen comer en casi cualquier idioma.

¿Por qué las pastas, la comida tradicional de una etnia, han pasado a ocupar un lugar tan destacado en el arte culinario internacional? Probablemente por lo bien que se adaptan al estilo actual de alimentación y preparación de los alimentos. Todos buscamos comidas livianas, de fácil preparación, que se elaboren con los mejores ingredientes de cada temporada. Las pastas, con su sabor sutil y su suave textura, constituyen el acompañamiento ideal para vegetales y hierbas frescas. Además, no sólo son fáciles de comer y rápidas de preparar sino que también son buenas para la salud: por su alto contenido de hidratos de carbono y su bajo porcentaje de grasas, cumplen un papel importante en una dieta balanceada.

Si las pastas que usted mejor conoce son los spaghettis largos y delgados, o los macaroni anchos en forma de codo, este libro le permitirá embarcarse en una deliciosa aventura de descubrimientos. Los editores de *Pastas* han creado más de sesenta nuevas recetas que utilizan todas las variedades de pastas, incluyendo las saborizadas, y las maravillosas pastas secas que se consiguen en cualquier supermercado.

En las páginas siguientes presentaremos los pequeños moñitos conocidos como farfalle, los radiatori plisados, las rueditas circulares con ejes que semejan las de los carros, los rulitos largos llamados fusilli y muchos más, sin olvidar las nuevas y tentadoras versiones de los clásicos tortellini, ravioles y lasagnas. También demostramos cuán fácil resulta preparar en la propia cocina pastas simples, de harina integral, a la espinaca, al tomate y a las hierbas.

El capítulo de introducción explica cuestiones básicas que abarcan desde cómo preparar pastas caseras hasta la mejor forma de cocinar las pastas compradas para servirlas justo "al dente". Luego se ofrece una compilación de salsas aromatizadas con hierbas frescas, ajo y vegetales que usará permanentemente. Los capítulos subsiguientes exploran los placeres de pastas en cintas, modeladas y rellenas, y en ensaladas calientes. Cada capítulo tiene un código de color y cada receta presenta un recuadro de "pasos a simple vista" que, haciendo uso de esos colores, refiere a los pasos fotográficos que ilustran las técnicas necesarias para su preparación. En casi todas las páginas se brindan consejos: desde los utensilios básicos que harán falta hasta las referencias al glosario de ingredientes. Le garantizamos que absolutamente todas las recetas serán de su agrado. Convide a sus próximos invitados con los elegantes rollos rellenos, o prepare los tallarines con pollo a la Szechwan, livianos e ideales para una cena con amigos. Para un almuerzo dominical tenga en cuenta los spaghetti con salsa cremosa de almejas, una actualización del tradicional plato de mariscos, o los fideos al horno con queso Cheddar y jamón, una versión sofisticada de uno de los platos preferidos por los niños. Pero no importa cuál de estas simples y fáciles recetas escoja, porque lo que está asegurado es que siempre le saldrán de maravillas y le resultarán exquisitas.

PRIMERA PARTE

LOS BÁSICOS

Podrá comprobar lo fácil y agradable
que resulta preparar pastas y también
descubrirá seis recetas de salsas que
tendrían que figurar en el repertorio de
todo amante de las pastas.

UTENSILIOS BÁSICOS PARA AMASAR PASTAS A MANO

Para la preparación de pastas frescas a mano se necesitan varios bols (tazones) y una cuchara de madera, además de un palo de amasar para estirar la masa hasta dejarla delgada como una hoja de papel, y un cuchillo para cortarla en porciones. Para congelar la masa se necesita un recipiente apto para freezer.

bols (tazones)

palo de amasar

cuchara de madera

cuchilla

recipiente apto para freezer

Amasar pastas a mano

La preparación de pastas tiene algo de alquimia culinaria. Con un mínimo de mezclado, amasado y modelado, los ingredientes más simples –harina, agua, aceite, sal y huevos– se transforman en un tesoro comestible. La pasta casera es fácil de preparar, ya sea a mano o con una simple máquina especial que se consigue en la mayoría de los bazares y en los sectores de utensilios de cocina de los supermercados.

¿Por qué preparar pastas en casa cuando se las puede comprar hechas? Porque notará la diferencia. Las pastas caseras son más tiernas y delicadas que las que se compran en envases, y absorben por completo cualquier salsa con que se las acompañe. Sin embargo, las pastas frescas o secas de buena calidad pueden dar casi tantas satisfacciones como las amasadas en casa.

En las páginas siguientes enseñamos a preparar delicadas cintas angostas y anchas, manicotti y canelones para rellenar, los montículos pequeñitos llamados ravioles y tortellinis, y masas anchas que se convertirán en deliciosas lasagnas. También revelamos los secretos de modelar a mano los farfalle con forma de moñitos, las copitas llamadas orecchiette, y mucho más. Para todos ellos y para cualquier otro plato de este libro que indique la inclusión de pastas caseras, hay que

preparar la receta básica de la página 28. Es una fórmula tan simple que tras prepararla
pocas veces, probablemente ya no haga falta volver a leerla, pero por ahora tal vez
convenga marcar dicha página para acceder a ella sin demoras. También se pueden
usar pastas frescas compradas en las fábricas de pastas o en las góndolas
refrigeradas de los supermercados.

Esta sección trata sobre los pasos esenciales para preparar
la masa completamente a mano. El resto del capítulo
describe cómo hacer la masa con un procesador de
alimentos, y la forma correcta de amasar y estirar la
masa con una máquina para pastas que se ajusta a la
mesada o la mesa de la cocina. Los capítulos
subsiguientes muestran en detalle cómo cortar y dar
forma a la masa, y cómo identificar y utilizar las
distintas variedades de pastas secas compradas. Hasta
las mejores pastas, frescas o secas, pueden arruinarse si
no se cocinan de la manera adecuada. Los pasos de las
páginas 26 y 27 explican esta técnica elemental pero
decisiva. Para las recetas de este libro hay que calcular el
doble de pasta fresca cruda (casera o comprada) que seca.

para pastas con hierbas, agregue las hierbas secas a la mezcla de harina

para pastas con espinaca, agregue espinaca hervida picada a la mezcla de huevos

PASO 1

Incorporar a la harina la mezcla de huevos

Mezcle la harina y la sal en un bol (tazón) grande. Forme un hueco en el centro. En otro bol (tazón), combine los huevos, el agua y el aceite y vierta estos ingredientes líquidos en el hueco. Mezcle bien con una cuchara de madera.

amase hasta obtener una masa suave y elástica (8 a 10 minutos)

PASO 2

Amasar a mano

Apoye la masa sobre una mesada apenas enharinada. Para amasar, curve los dedos sobre el borde de la masa y llévela hacia su cuerpo. Luego presione hacia abajo y hacia afuera con el talón de la mano. Apoye la masa sobre otro costado, presiónela con la mano llevándola hacia su cuerpo, y repita el proceso. Cúbrala y déjela descansar 10 minutos antes de estirarla.

si la masa se encoge al estirarla, déjela descansar varios minutos tapada con un repasador o con papel plástico; luego continúe

PASO 3

Estirar la masa

Divida la masa en las porciones que pida la receta, por lo general en cuartos. Coloque una porción sobre una mesada enharinada. Aplánela con un palo de amasar hasta que alcance un espesor de 3 mm. Tape el resto de la masa con un repasador o papel plástico para que no se reseque, o consérvela en el freezer para usarla más adelante, como se muestra en la página 17.

la superficie de la masa estirada debe secarse ligeramente, para que no se pegotee al cortarla

PASO 4

Estirar la masa a 2 mm

Siga estirando la masa hasta que alcance un espesor de 2 mm. Con un cuarto de masa se obtiene un cuadrado de unos 30 x 30 cm. Después de estirarla, déjela descansar, sin taparla, 20 minutos para permitir que la superficie se seque levemente.

CÓMO CONSERVAR LA MASA

después de cortarla en cuartos, forme una bola con cada porción y aplástela

PASO 1

Dividir la masa

Después de amasarla, forme una bola de masa; sin estirarla. Con un cuchillo afilado, divida la bola en cuartos o en las porciones que indique la receta.

para usarla, descongélela varias horas en la heladera (refrigerador) o aproximadamente una hora a temperatura ambiente

PASO 2

Congelar la masa

Envuelva cada porción en papel plástico. Luego guárdela en un recipiente apto para freezer o en bolsas gruesas para freezer. La masa se conservará en el freezer hasta 8 meses.

Amasar pastas a máquina

Si la masa se prepara en un procesador y luego se la estira en una máquina para pastas, el proceso se agiliza y no exige prácticamente ningún esfuerzo.

Como siempre, el procesador de alimentos facilita el trabajo. Observe detenidamente la masa en cada paso. Si no dispone de una máquina para pastas, puede amasar a mano la masa preparada en el procesador y estirarla con el palo de amasar, como se muestra en los pasos 2, 3 y 4 de las páginas 15 y 16. Sin embargo, la máquina para pastas que se acciona a mano es barata en comparación con el resto de los implementos para cocina, y es lo suficientemente pequeña como para guardarla y no tener

que dejarla siempre a la vista. Si usted acostumbra preparar pastas con frecuencia, sería lógico que la comprara porque se evitaría casi todo el trabajo de tener que amasar y estirar la masa.

Empiece desde la posición más baja, con los rodillos bien separados; en general bastará con dos pasadas en cada posición. Si la masa pasa por los rodillos con facilidad y parece suave y sedosa, como de goma, sin puntos ásperos, pase a la posición siguiente. Si tiene que hacer mucha fuerza para girar la manivela, vuelva a la posición anterior. Continúe hasta que la masa adquiera la textura y el espesor adecuados, que por lo general es de 2 mm.

UTENSILIOS BÁSICOS PARA PREPARAR PASTAS A MÁQUINA

Para preparar pastas a máquina, utilice un bol (tazón) pequeño, una jarra medidora, una espátula de goma y un procesador de alimentos para mezclar los ingredientes, y una máquina para pastas accionada a mano para amasar y estirar la masa.

procesador de alimentos

máquina para pastas

jarra medidora

bol (tazón) pequeño

espátula de goma

19

PASOS PARA AMASAR PASTAS A MÁQUINA

para hacer una masa de espinacas a máquina, agregue las espinacas hervidas y picadas en este paso

PASO 1

Procesar la harina y los huevos

Coloque la harina, la sal y los huevos en el recipiente del procesador de alimentos. Tape y mezcle hasta que tome la consistencia de grumos finos. Esto ocurre rápidamente, por lo que hay que tener cuidado de no procesar en exceso.

antes de incorporarlos, mezcle los ingredientes líquidos con un tenedor para que se combinen mejor

PASO 2

Agregar los líquidos

Coloque el agua, el aceite y cualquier otro líquido en la jarra medidora. Con el procesador en funcionamiento, vierta el líquido lentamente en el recipiente del procesador. La mezcla de harina comenzará a tomar consistencia de masa.

si se deja descansar la masa después de procesarla, resultará más fácil estirarla

PASO 3

Formar la bola de masa

Siga procesando justo hasta que la masa tome forma de bola. Deténgase una o dos veces para raspar los costados del recipiente de modo que todos los ingredientes queden incorporados en la masa. Destape el recipiente y deje descansar la masa 10 minutos.

para que no se
pegue, espolvoree
la masa levemente
con harina antes
de cada pasada por
la máquina

PASO 4

Amasar en la máquina para pastas

Divida la masa en 4 porciones o según las indicaciones
de la receta. Cubra la masa que no vaya a usar, o
guárdela en el freezer (ver página 17). Aplane una
porción y pásela por los rodillos en la posición más
ancha. Pliéguela por la mitad o en tercios, déla vuelta y
pásela por esa misma posición. Repítalo hasta que la
masa quede suave y no tenga grietas.

cuando termine y
antes de darle
forma, deje
descansar la masa
por lo menos 20
minutos sobre un
repasador apenas
enharinado

si la masa queda
demasiado larga,
córtela por la mitad

PASO 5

Estirar en la máquina para pastas

Pase a la siguiente posición más estrecha. Enharine la
masa levemente, pliéguela, déla vuelta y vuelva a pasarla
por la máquina. Repita el plegado, el giro y el estirado en
posiciones cada vez más altas (estrechas) hasta que la
masa quede de 2 mm de espesor.

Cocinar pastas

Para que las pastas puedan circular libremente en agua hirviendo a pleno y tengan lugar para expandirse a medida que se cocinan, utilice siempre una cacerola grande. Si la cacerola es demasiado pequeña, la pasta se pegará y también se corre el riesgo de que el líquido caliente y burbujeante se desborde. Una cacerola con colador (coladera) incluido resulta muy práctica: permite escurrir el agua con muy poco esfuerzo porque el agua vuelve a caer en la cacerola cuando se retira el colador (coladera). Se le puede agregar sal al agua para sazonarla (vuelva a hacer hervir el agua tras salarla), y el aceite ayuda a que las pastas no se peguen, pero ninguno de estos ingredientes es indispensable.

Las pastas frescas necesitan apenas unos minutos de cocción. Las cintas y otras pastas secas necesitan más tiempo, que puede variar entre 8 y 15 minutos. Ambos tipos de pasta están cocidas cuando adquieren una textura tierna pero levemente gomosa, sin que se le noten rastos de pasta cruda al morderla, una característica que se conoce como "al dente". Cuélelas y páselas a una fuente (platón) tibia, y agrégueles la salsa de inmediato, o utilícelas tal como lo indique la receta. El utensilio ideal para servir fideos largos es un servidor de fideos, de madera o plástico.

UTENSILIOS BÁSICOS PARA COCINAR PASTAS

Una cacerola grande para pastas permite que circulen libremente en el agua hirviendo. Luego, el líquido de cocción se cuela por medio de un colador (coladera) incorporado. También se puede usar un colador (coladera) separado. Para mezclar y servir cintas largas, el mejor utensilio es un servidor de fideos.

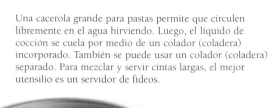

colador (coladera)

cacerola
para pastas

servidor de fideos
de madera

servidor de fideos
de plástico

Información útil para la cocción de pastas

Éstos son algunos consejos simples para cocinar pastas. Las dos reglas principales son: usar la mejor pasta que se consiga y no cocinarla en exceso.

Verifique siempre las instrucciones de cocción que figuran en los envases de las pastas que compre. Los tiempos de cocción pueden variar entre marcas.

• Las pastas secas necesitan unos 10 minutos de cocción; empiece a probarlas a los 8 minutos. Las pastas frescas se cocinan mucho más rápido. Tendrían que estar listas en 1 1/2 a 2 minutos, pero empiece a probarlas al minuto. Los tiempos de cocción varían de acuerdo con el espesor y la forma de la pasta. La única manera de

saber si la pasta está hecha es probándola.

• Cuando compre pastas, elija siempre las de mejor marca, tanto secas como frescas. Las mejores pastas están hechas con sémola de trigo. Las pastas secas de buena calidad (por lo general importadas de Italia) se caracterizan por tener la superficie áspera y con pequeñas abrasiones. Estas abrasiones atrapan y conservan la salsa. Las pastas comerciales suaves y brillantes, que se fabrican en grandes cantidades y se secan a temperaturas altas, no tienen el sabor de aquellas pastas artesanales que se secan lentamente, pero son más económicas.

• No hay que cocinar las pastas excesivamente. "Al dente" es una expresión que describe a la perfección cómo debe quedar la pasta: apenas tierna y todavía un poco resistente.

• Una cacerola alta de gran capacidad es esencial en la cocción de pastas ya que asegura que haya suficiente cantidad de agua. La relación aproximada de pasta seca por agua hirviendo es de 125 a 250 gr por cada 3 l. Agregue un cuarto litro de agua por cada 250 g adicionales de pasta. Si quiere agregar sal, deje hervir el agua, agréguele sal (una cucharadita de sal por cada 3 l de agua), vuelva a llevar el agua a ebullición y luego agregue la pasta.

• Se puede agregar aceite al agua hirviendo para evitar que las pastas se pegoteen, pero si la cacerola contiene la cantidad suficiente de agua, esto no tendría que ser necesario.

• En cuanto las pastas están cocidas hay que pasarlas a una fuente (platón) tibia. Si a

los fideos no se les agrega la salsa de inmediato y se los deja reposar, se pegotearán.

• Tendría que haber suficiente cantidad de salsa como para cubrir la pasta en forma completa, pero no tanto como para que desborde. La pasta tendrá que ser siempre el ingrediente dominante del plato.

Para obtener un mejor sabor y una mejor textura, cuele la pasta muy bien para que el agua de la cocción no diluya la salsa.

para fideos largos como los spaghetti, sumerja en el agua uno de los extremos hasta que se ablanden, luego presiónelos contra la cacerola y húndalos en el agua

PASO 1

Colocar la pasta en agua
Llene una cacerola grande con 3 l de agua (para 125 a 250 g de pasta). Lleve el agua a ebullición completa. Agregue una cucharadita de sal y una de aceite, a gusto. Luego agregue la pasta, de a poca cantidad por vez, para que el agua siga hirviendo.

Ajuste la llama, si fuera necesario, para que el agua siga hirviendo

PASO 2

Revolver ocasionalmente
Para evitar que los fideos se pegoteen mientras circulan en el agua, revuelva cada tanto con una cuchara de madera o con un servidor de fideos.

Los italianos dicen que la pasta está lista cuando está "al dente", o "al diente"

PASO 3

Comprobar el punto de cocción
Hacia el final de la cocción, compruebe el punto. La pasta está lista cuando la textura es tierna, pero todavía levemente firme, o "al dente". No deje reposar la pasta en el agua de cocción para que no se cocine en exceso.

DOS FORMAS DE COLAR

sacuda el colador (coladera) incorporado un par de veces para eliminar el agua de la pasta

PASO 1

Sacar el colador (coladera) incorporado

Si usa una cacerola para pastas con colador incorporado, saque el colador (coladera) hacia arriba, tomándolo de las asas (protéjase las manos con agarraderas si fuera necesario). Sosténgalo sobre el agua por unos segundos; el agua de cocción volverá a caer en la cacerola.

Con un tenedor o un servidor de fideos, agite los fideos una o dos veces para que el agua se escurra bien

PASO 2

Colar con colador (coladera)

Coloque el colador (coladera) en la bacha de la cocina (fregadero). Si utiliza una cacerola común sin colador (coladera) incorporado, en cuanto esté cocida vierta la pasta y el agua en el colador (coladera).

Pastas caseras

Esta masa simple puede prepararse para todas las recetas de este libro que indiquen el uso de pastas frescas. Aunque es fácil de preparar, para ahorrar más tiempo se puede preparar la masa con anticipación y congelarla (ver las instrucciones de congelado y descongelado en la página 17). Para sustituir por pasta fresca la pasta seca que se indique en una receta, hay que calcular 250 g por cada 125 g de pasta seca.

INGREDIENTES

250 g harina común

1/2 cdta. sal

2 huevos batidos

80 ml agua

1 cdta. aceite de oliva o mezcla

45 g harina común para espolvorear

Tiempo de preparación 1 1/4 hora
Porciones cuatro de 125 g de fideos
(500 g en total)

PASOS A SIMPLE VISTA	Páginas
▦ Preparar pastas	12-31

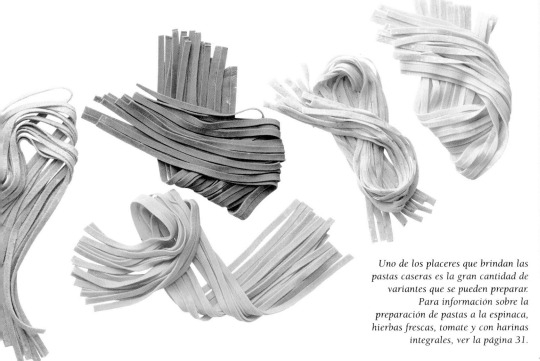

Uno de los placeres que brindan las pastas caseras es la gran cantidad de variantes que se pueden preparar. Para información sobre la preparación de pastas a la espinaca, hierbas frescas, tomate y con harinas integrales, ver la página 31.

29

En un bol (tazón) grande mezcle los 250 g de harina con la sal. Ahueque el centro.

En un bol (tazón) pequeño, mezcle los huevos, el agua y el aceite de oliva o mezcla. Agregue estos ingredientes a la mezcla de harina y únalos.

Espolvoree la superficie de trabajo con los 45 g de harina. (Para las variantes con espinaca, integrales y tomates, el espolvoreado con harina puede no ser necesario.) Vuelque la masa sobre la superficie enharinada. Amásela hasta que quede suave y elástica (8 a 10 minutos en total). Cúbrala y déjela descansar 10 minutos.

Divida la masa en cuartos. Sobre una superficie apenas enharinada, estire cada cuarto en un cuadrado de 30 cm de unos 2 mm de espesor. Deje reposar unos 20 minutos, o hasta que la superficie se seque levemente. En caso de que use una máquina para pastas, pase cada cuarto de masa por la máquina hasta que alcance los 2 mm de espesor. Modele o rellénelas a su gusto, o siga las instrucciones de la receta.

Para secar fideos, cuélguelos en un colgador de pastas o espolvoréelos con harina, acomódelos en manojos sueltos y colóquelos sobre una placa (charola) para horno enharinada. Deje secar toda la noche o hasta que se sequen por completo. Guárdelos en un recipiente hermético y consérvelos en la heladera (refrigerador) hasta 3 días. También se pueden dejar secar los fideos una hora, guardarlos en una bolsa o un recipiente para freezer y congelarlos hasta 8 meses.

Por porción de pasta 292 calorías, 10 g proteínas, 51 g carbohidratos, 4 g grasas totales (1 g saturadas), 107 mg colesterol, 300 mg sodio, 102 mg potasio

VARIANTES DE PASTAS FRESCAS

Pasta integral
Prepare la pasta como se
indica, pero sustituya la
harina común por harina
integral. Tal vez tenga que
usar un poquito más de
líquidos.

Pasta a las hierbas frescas
Se puede usar una sola
clase de hierbas, o varias.
Las hierbas tienen que estar
lavadas, secadas y
finamente picadas. Agregue
1/2 taza de hierbas frescas
a la harina y proceda según
se indica para la masa
común.

Pasta a la espinaca
Prepare la pasta como se
indica, pero con 3
cucharadas de agua.
Agregue a la mezcla de
huevos 75 g de espinacas
hervidas bien picadas y
exprimidas.

Pasta al tomate
Prepare la pasta como se
indica, pero sustituya el
agua por puré de tomates.

SALSAS BÁSICAS

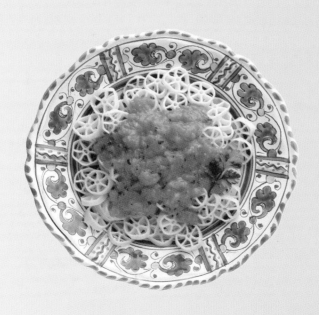

Preparar los ingredientes para las salsas

Las mejores salsas para las pastas abarcan desde la simplicidad del aceite de oliva o manteca derretida perfumada con ajo –para lo cual no hace falta dar la receta– hasta los pestos con hierbas y los riquísimos preparados de crema, quesos y huevos. Los tomates y las pastas forman una pareja clásica con infinidad de aplicaciones. En este capítulo ofrecemos una selección de salsas básicas para servir con las pastas preferidas o para aplicar en otras recetas del libro.

Tal como ocurre con cualquier plato, uno de pastas será especial según con qué se lo prepare. Para las salsas rojas siempre conviene usar tomates peritas (tomates saladet) frescos maduros porque son carnosos y jugosos, no aguachentos, y al cocinarse quedan espesos. Si no los consiguiera, conviene comprar tomates enlatados que tomates frescos que estén verdes o sean insulsos. Las hierbas frescas, ya se trate de albahaca, perejil u orégano, tendrían que tener un aspecto saludable, no marchito, mientras que las hierbas secas no tendrían que tener más de 6 meses de antigüedad y conservar su aroma característico. Por último, no hay comparación entre el queso parmesano u otro queso duro recién rallado y un queso rallado envasado. Si se resiste a la tentación de comprar quesos ya rallados y utiliza frescos, comprobará que las salsas saben mejor que lo esperado.

UTENSILIOS BÁSICOS PARA PREPARAR SALSAS

Pele, corte o pique los vegetales con un cuchillo afilado y recorte las hojas de hierbas frescas con tijera. Como utensilios especiales habría que tener un prensa-ajos y un rallador con orificios pequeños para el queso parmesano. El colador (coladera), el bol (tazón) y la jarra medidora sirven para contener los ingredientes.

colador (coladera)

bol (tazón) pequeño

tabla de picar, rallador para queso y prensa-ajo

jarra medidora

tijera

cuchillo pequeño afilado

cuchilla

Salsas básicas

35

Salsas básicas

en el agua hirviendo, la piel del tomate se abrirá por la X marcada y se despegará con facilidad

PASO 1

Pelar los tomates

Con la punta de un cuchillo, marque una X en el extremo del brote del tomate y luego sumérjalo en agua hirviendo de 20 a 30 segundos, para que se desprenda la piel. Páselo a un colador (coladera) para que escurra el agua. Cuando esté lo suficientemente frío como para tomarlo con las manos, quítele la piel con la ayuda de un cuchillito afilado.

las semillas que resulten difíciles de quitar pueden quitarse con el cuchillo o con los dedos

PASO 2

Quitar las semillas de los tomates

Corte el tomate pelado por la mitad en sentido transversal con un cuchillo afilado. Sostenga la mitad cortada boca abajo sobre la bacha (fregadero) de la cocina y apriétela suavemente para que salga la mayor parte de las semillas.

si la receta indica tomates escurridos, colóquelos en un tamiz y luego córtelos

PASO 3

Cortar tomates enlatados

Inserte una tijera de cocina de hojas largas y afiladas en la lata de tomates enteros (no hace falta escurrir el jugo). Abra y cierre las hojas de la tijera para cortar los tomates en pedacitos. O coloque los tomates en un bol (tazón) y córtelos.

para rallar una buena cantidad de queso parmesano, córtelo en trozos y póngalos en un procesador de alimentos al que le habrá colocado la cuchilla metálica apropiada

PASO 4

Rallar queso parmesano fresco

Frote un trozo de queso parmesano fresco contra los orificios de un rallador manual. Si ralla queso con frecuencia, tal vez le convenga comprar un molinillo manual que se pueda llevar a la mesa.

PASOS PARA PREPARAR INGREDIENTES PARA SALSAS

también se pueden picar las hierbas delicadas con un cuchillo, pero cortarlas con tijera es una manera más suave de hacerlo y es menor la posibilidad de aplastar las hojas

PASO 5

Picar hierbas frescas

Arranque de los tallos las hojas de las hierbas frescas. Descarte los tallos y coloque las hojas en una jarra medidora o en un bol (tazón). Córtelas en pedacitos con una tijera.

también se puede picar el ajo con un cuchillo

PASO 6

Prensar ajo

Despegue un diente de ajo de la cabeza. Quítele la piel delgada, a menos que el prensa-ajos que use pueda prensar los dientes con la piel intacta. Apriete las manijas del prensa-ajos para hacer pasar el ajo por los orificios.

para mantenerla
firme sujete la
mitad de la
cebolla con los
dedos

PASO 7

Picar cebollas

Corte la cebolla por la mitad a lo largo y pélala,
dejándola unida en el extremo de la raíz. Coloque una
mitad, con el lado cortado hacia abajo, sobre la superficie
de trabajo. Con un cuchillo afilado, haga una serie de
cortes verticales casi hasta el extremo de la raíz. Luego
haga una serie de cortes horizontales espaciados
uniformemente y descarte el extremo de la raíz.

Se puede guardar
un poco de salsa
para servir
directamente en
la mesa

PASO 8

Revolver la pasta

Utilice una fuente (platón) grande, que ofrezca espacio
suficiente para revolver. Primero entibie la fuente
(platón) para que la pasta se mantenga caliente.
Incorpore a la pasta casi la mitad de la salsa; revuelva
para que se mezclen bien y luego agregue el resto de la
salsa y revuelva nuevamente.

Todo buen cocinero de pastas tendría que incorporar una salsa de tomates en su menú y tendría que conservar en el freezer una porción de salsa lista que pueda utilizar en caso de urgencia.

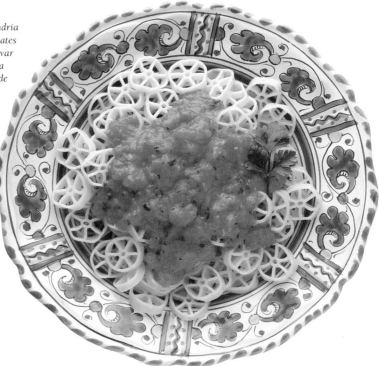

Salsa clásica de tomates

Si prefiere que la salsa contenga trozos de tomate, saltee el paso del procesado o licuado y sírvala caliente directamente de la sartén. Si quiere, agréguele albóndigas (ver receta, página 116).

INGREDIENTES

2 kg tomates peritas (tomates saladet) maduros, o 1,3 kg tomates enlatados enteros, sin escurrir

2 cdas. aceite de oliva u otro aceite comestible

2 dientes de ajo, picados

1/2 cdta. sal

1/2 cdta. azúcar

1/4 cdta. pimienta

30 g albahaca, orégano o perejil frescos, picados

Tiempo de preparación 40 minutos
Tiempo de cocción 25 minutos
Porciones 1 l aprox..

PASOS A SIMPLE VISTA	Página
Preparar los ingr. de las salsas	34
Cocer a fuego lento para integrar la salsa	43

Salsas básicas

Pele, quíteles las semillas y pique finamente los tomates frescos o enlatados. En una cacerola grande, caliente aceite de oliva u otro aceite comestible a fuego mediano. Agregue los tomates frescos o enlatados, el ajo, la sal (omítala si usa enlatados), el azúcar y la pimienta. Deje hervir y reduzca la llama. Cocine a fuego lento, con la cacerola destapada, unos 20 minutos, o hasta obtener la consistencia deseada. Coloque aproximadamente la mitad de la salsa en el recipiente del procesador de alimentos o de la licuadora; procese o licue hasta suavizar. Vuelva a colocar la salsa licuada en la cacerola. Añada la albahaca, el orégano o el perejil. Cocine 5 minutos más.

Cada 250 ml 160 calorías, 4 g proteínas, 22 g carbohidratos, 8 g grasas totales (1 g saturadas), 0 mg colesterol, 308 mg sodio, 1.030 mg potasio

PASO 1

Cocinar a fuego lento

Para lograr la consistencia deseada, deje hervir los ingredientes de la salsa; luego reduzca la llama y cocine a fuego lento, con la cacerola destapada, revolviendo ocasionalmente. Esto hace que el exceso de líquido se evapore y que los sabores se concentren. Cuando los tomates se deshacen y la salsa ya no se nota líquida, está lista.

PASO 2

Licuar la salsa

Reduzca a puré la mitad de la salsa en una licuadora o en un procesador de alimentos. Vuelva a volcarla en la cacerola; agréguele las hierbas picadas (las hierbas frescas se añaden en el último momento, para que conserven el sabor). Cocine otros 5 minutos.

Salsa bolognesa

Pruebe sustituyendo la típica salchicha italiana o la salchicha ahumada por carne, o por una combinación de ternera y cerdo, ingredientes tradicionales de la salsa bolognesa.

INGREDIENTES

1 kg tomates perita maduros o 940 g tomates enlatados enteros, escurridos

375 carne picada desgrasada

155 g cebolla finamente picada

75 g zanahoria finamente picada

75 g apio finamente picado

2 tajadas de panceta, finamente picadas

125 ml vino tinto seco

180 ml crema

1/2 cdta. sal

1/4 cdta. pimienta

1/8 cdta. nuez moscada molida

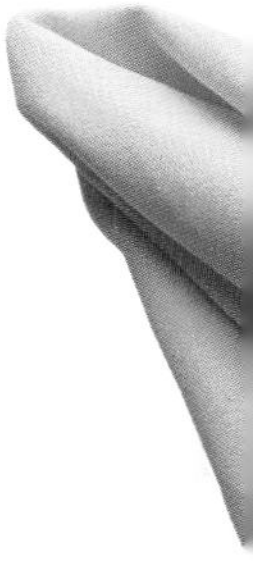

Tiempo de preparación 30 minutos
Tiempo de cocción 38 a 40 minutos
Porciones 1 litro

PASOS A SIMPLE VISTA	Página
Preparar los ingr. de las salsas	**34**
Rallar nuez moscada, dorar la carne y agregar la crema	**47**

La antigua ciudad de Bologna, en Italia,
le otorga su nombre a esta deliciosa salsa
con carne, que al combinarla
con cualquier tipo de pasta
constituye un plato fuerte.
Los italianos también
la llaman "ragu".

MÉTODO PARA PREPARAR SALSA BOLOGNESA

Pele y quíteles las semillas a los tomates frescos, en caso de usarlos. En un procesador de alimentos o una licuadora, procese o licue los tomates frescos o enlatados hasta obtener una consistencia suave. Reserve.

En una sartén grande saltee la carne picada, la cebolla, la zanahoria, el apio y la panceta durante 5 minutos, o hasta que la carne se dore y los vegetales se ablanden, revolviendo siempre para separar la carne en bolitas diminutas. Escurra la grasa. Agregue el vino. Deje hervir. Reduzca la llama. Cocine a fuego lento, con la sartén destapada, de 3 a 5 minutos, o hasta que casi todo el líquido se haya evaporado, revolviendo ocasionalmente.

Añada los tomates mientras revuelve. Tape y cocine a fuego lento durante 30 minutos, o hasta obtener la consistencia deseada. Incorpore la crema, la sal (omítala si usa tomates enlatados), la pimienta y la nuez moscada. Deje que todo se caliente muy bien.

Cada 250 ml 436 calorías, 21 g proteínas, 22 g carbohidratos, 29 g grasas totales (15 g saturadas), 117 mg colesterol, 428 mg sodio, 1.069 mg potasio

PASO 1

Rallar nuez moscada

Frote una nuez moscada entera contra los orificios del rallador. Trabaje sobre un pedazo de papel manteca o dentro de un bol (tazón) para juntar la especia molida. Puede utilizar nuez moscada molida pero no es tan aromática ni sabrosa como la fresca.

PASO 2

Dorar la carne

Cocine la carne hasta que se dore y hasta que los vegetales se ablanden, revolviendo con una cuchara de madera para deshacer todavía más la carne picada.

PASO 3

Agregar la crema

La crema se agrega a último momento para espesar y enriquecer la salsa. Viértala mientras revuelve, para evitar que la crema hierva. Una bien todos los ingredientes y cocine unos minutos más para que la salsa quede bien caliente.

El delicado y aromático pesto recubre estos fideos y les aporta el incomparable sabor de la albahaca fresca.

Pesto

Un poquito de pesto tiene mucho sabor. Por eso, para dos o tres personas sólo hace falta usar 60 ml de pesto mezclado con 125 g de pastas secas o 250 g de pastas frescas, cocinadas y coladas.

INGREDIENTES

45 g hojas de albahaca frescas

30 g queso parmesano rallado

30 g queso romano rallado

45 g piñones o almendras fileteadas

1 diente de ajo grande, en rebanadas

1/8 cdta. sal

2 ml aceite de oliva u otro aceite comestible

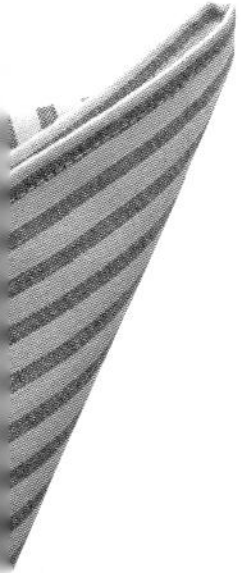

Tiempo de preparación 15 minutos
Porciones 180 ml

PASOS A SIMPLE VISTA   Página

Rallar queso parmesano fresco   37

En un procesador de alimentos o una licuadora, combine la albahaca, el queso parmesano, el queso romano, los piñones o almendras, el ajo y la sal. Vierta el aceite de oliva u otro aceite comestible. Tape y procese o licue con varias pulsaciones hasta formar un puré; tendrá que detener la máquina varias veces para limpiar los costados del recipiente con una espátula de goma. Añada a las pastas calientes tal como se indica en las recetas.

Conserve el pesto que sobre en porciones de 60 ml, envuelto y congelado hasta 1 año, y en la heladera (refrigerador) hasta 2 días. Antes de usarlo, deje que tome temperatura ambiente.

Por cucharadita 98 calorías, 3 g proteínas, 1 g carbohidratos, 8 g de grasas totales (2 g saturadas), 4 mg colesterol, 89 mg sodio, 74 mg potasio

PASOS PARA PREPARAR PESTO

PASO I

Agregar los ingredientes
Vierta el aceite sobre los demás ingredientes del pesto. El recipiente del procesador tendrá que tener puesta la cuchilla metálica.

PASO 2

Terminar la salsa
Procese con varias pulsaciones hasta que se forme un puré. Raspe unas cuantas veces los costados del recipiente entre cada pulsación para que los ingredientes se incorporen bien.

PASO 3

Conservar la salsa
Coloque porciones de 60 ml en recipientes pequeños para freezer. Antes de taparlos, cubra el pesto con papel plástico para que no tome una coloración amarronada. La salsa congelada dura hasta 1 año.

Salsa de tomates con vegetales

Esta tradicional salsa italiana no lleva carne. Para obtener un riquísimo plato vegetariano distribúyala sobre las pastas calientes y espolvoréela con un poquito de queso feta o queso parmesano.

INGREDIENTES

250 g champiñones frescos, cortados en rebanadas finas

75 g cebollas picadas

2 dientes de ajo, picados

1 cda. aceite de oliva u otro aceite comestible

315 g zucchini (calabacitas italianas) cortados en juliana

470 g salsa de tomates estilo italiana enlatada, con trozos de tomates

125 ml vino tinto seco

1 cda. salvia fresca picada

1/4 cdta. sal

1/4 cdta. pimienta

Tiempo de preparación 20 minutos
Tiempo de cocción 20 a 25 minutos
Porciones 1 litro

PASOS A SIMPLE VISTA   Página

Esta salsa es más compleja que la salsa básica de tomates, y se distingue por los trozos de los vegetales que la conforman. El vino tinto le agrega cuerpo, y los champiñones en rebanadas y los zucchini en juliana le añaden textura y especial sabor.

En una sartén grande saltee los champiñones, la cebolla y el ajo en aceite de oliva u otro aceite comestible bien caliente durante 5 minutos, revolviendo ocasionalmente. Agregue los zucchini (calabacitas italianas) y cocine otros 5 minutos, o hasta que los vegetales se ablanden pero no se doren. Añada la salsa de tomates, el vino, la salvia, la sal y la pimienta. Deje hervir. Reduzca la llama. Cocine a fuego lento, con la sartén destapada, de 10 a 15 minutos, o hasta obtener la consistencia deseada, revolviendo con frecuencia.

Por cada 250 ml 115 calorías, 3 g proteínas, 15 g carbohidratos, 4 g grasas totales (1 g saturadas), 0 mg colesterol, 798 mg sodio, 785 mg potasio

Salsa de tomates con salchicha picante

Adapte esta salsa a su gusto, preparándola con salchichas italianas comunes o picantes. Además de quedar muy bien con pastas, esta salsa también puede usarse como base para preparar una que contenga ajíes picantes (chiles).

INGREDIENTES

1 kg tomates perita maduros o 940 g tomates enteros enlatados, ya picados y escurridos

375 g salchichas estilo italianas, sin piel

75 g cebollas picadas

60 g ají (pimiento) verde finamente picado

2 dientes de ajo, picados

185 g pasta de tomates

1/2 cdta. sal

1/2 cdta. orégano seco molido

1/2 cdta. albahaca seca molida

1/4 cdta. pimienta roja (de Cayena) molida

Tiempo de preparación 30 minutos
Tiempo de cocción 45 a 50 minutos
Porciones 1 litro

MÉTODO PARA PREPARAR SALSA DE TOMATES CON SALCHICHA PICANTE

Pele, quíteles las semillas y pique los tomates perita frescos, en caso de usarlos.

En una cacerola grande cocine la salchicha italiana, la cebolla, el ají (pimiento) verde y el ajo durante 5 minutos, o hasta que la salsa tome un color amarronado. Escurra la grasa. Con cuidado, añada los tomates frescos o los tomates enlatados escurridos, la pasta de tomates, la sal, el orégano, la albahaca y la pimienta. Deje hervir. Reduzca la llama. Tape y cocine a fuego lento 30 minutos. Luego destape y cocine a fuego lento otros 10 a 15 minutos, o hasta obtener la consistencia deseada, revolviendo ocasionalmente.

Por cada 250 ml 313 calorías, 17 g proteínas, 25 g carbohidratos, 17 g grasas totales (6 g saturadas), 49 mg colesterol, 898 mg sodio, 1.274 mg potasio

Por su contundencia, esta salsa es ideal para acompañar una pasta bien sustanciosa, como los penne.

Salsa cremosa de parmesano

Combinando esta suculenta salsa de queso con fideos largos, se obtiene el clásico plato Fettuccine Alfredo. Como la salsa se vierte sobre los fideos ya cocidos, el calor cocina la salsa y hace que la crema se espese levemente y que el queso se derrita.

Los fideos frescos al tomate ofrecen un contraste sutil con esta salsa de queso cremosa y suculenta. Sírvala con su corte de carne asada preferido y vegetales frescos.

INGREDIENTES

80 ml crema

2 cdas. margarina o manteca

125 g fettuccine secos o 250 g frescos, al tomate, a las hierbas o comunes

45 gr queso parmesano rallado

1/4 cdta. sal

1 diente de ajo pequeño, picado

1 cda. albahaca o perejil frescos, picados (opcional)

pimienta negra picada gruesa (opcional)

Tiempo de preparación 50 minutos (con el entibiado de crema y manteca)
Tiempo de cocción 2 a 10 minutos
Porciones 4 como acompañamiento o 2 como plato principal

Deje que la crema y la margarina o manteca tomen temperatura ambiente (unos 40 minutos).

En una cacerola grande hierva 3 l de agua. Agregue la pasta. Reduzca la llama levemente. Deje hervir, sin tapar, de 8 a 10 minutos los fideos secos o 1 1/2 a 2 minutos los fideos frescos, o hasta que estén "al dente", revolviendo ocasionalmente. (O cocínelos según las instrucciones del envase.) Cuélelos de inmediato.

Vuelva a poner los fideos en la cacerola caliente. Agregue el queso parmesano, la crema, la margarina o manteca, la sal y el ajo. Revuelva suavemente los fettuccine hasta que queden bien impregnados de salsa. Páselos a una fuente (platón) tibia. Se los puede espolvorear con albahaca o perejil y pimienta. Sírvalos de inmediato.

Por porción 282 calorías, 10 g proteínas, 35 g carbohidratos, 11 g grasas totales (4 g saturadas), 13 mg colesterol, 363 mg sodio, 78 mg potasio

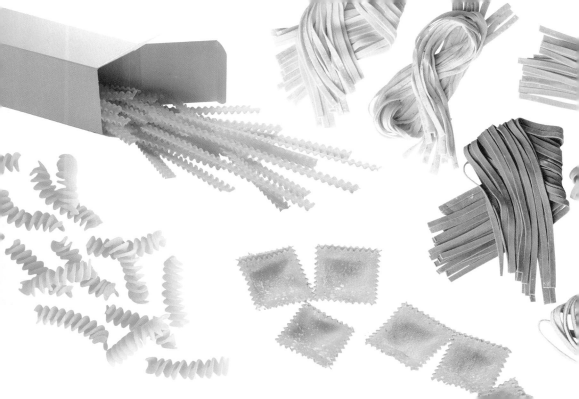

SEGUNDA PARTE

TIPOS DE PASTAS

Aquí ofrecemos las recetas, la información necesaria
y los secretos para preparar distintas formas de pastas:
cortadas en cintas, modeladas, en capas con
otros ingredientes, rellenas
y en ensaladas.